LE
PRIX DE FRANÇAIS

EN ALSACE

SIXIÈME ANNÉE

(1929)

PARIS

IMPRIMERIES RENOUARD

19, RUE DES SAINTS-PÈRES, 19

1929

LE
PRIX DE FRANÇAIS
EN ALSACE

SIXIÈME ANNÉE

(1929)

REPRODUCTION DE LA PLAQUETTE DE Mme BERTHE NOUFFLARD,
DISTRIBUÉE PARMI LES INSTITUTRICES ET INSTITUTEURS D'ALSACE

PARIS

IMPRIMERIES RENOUARD

19, RUE DES SAINTS-PÈRES, 19

1929

LE
PRIX DE FRANÇAIS
EN ALSACE

Il vaut mieux ne pas parler de l'Alsace quand
on la connaît peu, quand on la connaît mal ou quand
on ne la connaît pas. Dans ce cas, en parler est plutôt
lui nuire que lui être utile. Mieux vaut, quand on la
connaît et quand on l'aime, travailler pour elle.

C'est l'objet que s'est proposé Mme F. Langweil, sur une suggestion de Hansi, quand, en 1923,
elle fonda l'Œuvre du prix de français en Alsace,
dont cette grande Française assure le fonctionne-
ment depuis cette date, en qualité de présidente.

Quand ces deux infatigables protagonistes réunirent autour d'eux, pour la première fois, un comité de patriotes désireux de les assister dans la noble et utile tâche qu'ils allaient entreprendre, ils se proposèrent un programme d'action dont l'exécution exigeait autant de méthode que d'opiniâtreté, dont les heureux résultats ne pouvaient apparaître que par degrés progressifs, mais qui reposait sur une conception simple et pratique. Ils avaient aperçu clairement que la question d'Alsace, telle qu'elle se posait au lendemain de l'armistice, est avant tout une question de langue.

Pendant leur domination de plus de quarante ans, les Allemands, moins libéraux que nous ne le sommes aux heures actuelles, avaient pour ainsi dire proscrit partout la langue française. Ils avaient imposé à toute une population leur langue, dans laquelle ils l'avaient comme emprisonnée. Nous avons raconté, dans une précédente brochure [1], avec quel dévouement, après la libération, les instituteurs et les institutrices surmontèrent, d'un cœur resté français, la difficulté d'enseigner à leurs élèves une langue qu'ils étaient obligés d'apprendre eux-mêmes presque simultanément ; et nous avons exposé comment l'Œuvre du prix de français en Alsace s'était donné pour mission de leur apporter une aide et un stimulant, en créant un prix de français qui serait décerné chaque année, dans chaque école, à l'élève, garçon ou fille, ayant fait les progrès les plus remar-

1. Reproduction d'un article publié dans la *Revue des Deux Mondes*, par le secrétaire de l'Œuvre.

quables dans la langue nationale. « Ce prix serait,
en quelque sorte, le prix d'honneur de chaque école
primaire, et la remise en serait accompagnée d'une
certaine solennité. Il consisterait en un beau livre,
un de ces livres que l'on conserve toute sa vie, et en
un beau diplôme qui suivrait l'enfant dans toute sa
carrière, qui assurerait au garçon un bon accueil au
régiment, qui faciliterait à tous l'accès d'une place
ou d'un emploi... Grâce à l'émulation créée par un
beau prix, tous apprendraient le français avec plus
de zèle et aimeraient la France avec plus de ferveur.»

Tel était le projet qui consistait à préparer, parmi
les enfants passant successivement à l'école, des
générations d'hommes et de femmes qui parlassent,
sans renoncer à leur dialecte, aussi naturellement et
aussi purement la langue commune que leurs com-
patriotes des autres départements attachés eux
aussi à des patois et à des dialectes locaux. Le jour
où cette fusion par le langage serait un fait accompli,
la question de l'Alsace serait résolue et close pour
toujours.

Pendant six ans, l'Œuvre du prix de français en
Alsace a poursuivi sa mission sans interruption ni
défaillance. Chaque année, le 11 juillet, les prix
d'honneur de français ont été décernés à leurs
triomphants titulaires avec l'apparat et l'éclat que
devait comporter cette patriotique manifestation.
Nous reviendrons tout à l'heure sur ces distributions
de prix qui, dans chaque village, furent de véritables
fêtes, où la joie des enfants et la satisfaction des
parents se donnaient un libre cours, au milieu de
tant de cadres pittoresques qui semblaient s'animer

spontanément au contact des couleurs nationales, frissonnant sous la brise des Vosges, et auxquelles venait se marier la splendeur d'un radieux soleil d'été. Constatons tout d'abord les premiers résultats obtenus par l'Œuvre du prix de français. Ils sont aussi remarquables que réconfortants.

Il faut reconnaître que, dans les premiers temps, ils se manifestèrent surtout par une extrême bonne volonté. Les enfants se donnaient beaucoup de mal pour meubler leur mémoire des termes et des règles que leurs professeurs s'efforçaient d'y installer. On s'apercevait, lors des distributions du 14 juillet, que dans les récitations ou les saynètes en langue française où l'on présentait les petits garçons et les petites filles, la mémoire jouait le rôle principal. Ces enfants, souvent, accompagnaient les paroles de gestes appris par cœur sans qu'ils en pénétrassent la signification, parce qu'ils ne comprenaient pas ou ne comprenaient qu'à peine le sens de ces paroles. Quand, les distributions terminées, les membres du comité, se mêlant aux jeunes lauréats, tâchaient d'engager avec eux des conversations en français, ils trouvaient trop souvent en face d'eux des bouches closes, des airs intimidés, un peu honteux même d'un état d'insuffisance qui n'avait rien d'inquiétant, d'ailleurs.

Car il faut se rappeler qu'à cette époque, les instituteurs et les institutrices — nous ne parlons pas des sœurs de Ribeauvillé qui, envers et contre tous les occupants, avaient conservé et entretenu le culte de la langue française — en étaient encore eux-mêmes à leur période d'initiation et qu'il eût été aussi opportun qu'équitable de commencer par distribuer parmi eux des prix de français. Le comité de l'Œuvre comprit immédiatement qu'il fallait les encourager et récompenser ceux d'entre eux qui, en pleine possession de la langue nationale, l'enseignaient avec le plus de fruit. Chaque année, au moment des distributions de prix, sont décernées, parmi le corps enseignant primaire, des plaquettes de bronze, aussi poétiquement conçues qu'artistement gravées par Mme Berthe Noufflard, sur lesquelles est inscrit, avec le nom du destinataire, le témoignage de satisfaction de l'Œuvre du prix de français.

Aujourd'hui les espoirs se sont changés en radieuses réalités. Les petits enfants des écoles, tous nés après l'armistice en terre redevenue française, parlent couramment la langue nationale. Ils sont fiers de la parler, et leurs parents sont plus fiers encore de la leur entendre parler. Ceux-ci y voient une marque de supériorité intellectuelle et morale dont ils furent privés parce qu'on la leur refusa impitoyablement.

Un jour que l'oncle Hansi s'arrêtait au kiosque pour y prendre les journaux de Paris, il remarqua qu'un grand nombre de ses jeunes neveux et de ses jeunes nièces, sortant de leurs écoles, s'y précipitaient, quelques sous dans la main, pour y acheter de ces publications qui font la joie de tous les enfants de France : *la Semaine de Suzette, le Bon point, Zig et Puce,* etc. Ce fut une révélation. Depuis cette heureuse observation, l'Œuvre du prix de français, sans modifier en quoi que ce soit son programme, l'a élargi au contraire. Tout en maintenant le nombre et l'importance des livres qui représentent dans chaque école les prix de français, elle prélève chaque année sur ses ressources une somme destinée à distribuer, parmi les élèves des écoles, des abonnements à ces journaux et à ces magazines enfantins. Il faut voir la joie de ces petits abonnés. Chaque semaine, ils dévorent avec avidité leur journal. Et quand ceux-ci auront atteint l'âge d'homme, quand celles-là seront devenues des femmes, « leur » journal, on peut en être sûr, sera encore et tout naturellement un journal rédigé en langue française. L'Œuvre du prix de français n'est-elle pas justifiée de s'enorgueillir et de se réjouir ardemment de tels résultats et de telles perspectives?

Si elle a pu obtenir les premiers et préparer les secondes, c'est aux efforts vigilants de son Comité d'action, c'est à la patriotique et constante générosité de ses souscripteurs qu'elle le doit. Elle avait été fondée avec les plus précieux appuis moraux. Elle bénéficiait dès 1923 du haut patronage de M. Alexandre Millerand, Président de la République et de M. Raymond Poincaré, président du Conseil. Elle avait pour président d'honneur M. Léon Bérard, ministre de l'Instruction publique et des Beaux-Arts, qui avait voulu être un de ses fondateurs. M. Charléty, recteur de l'Académie de Strasbourg, ne lui avait ménagé ni ses encouragements ni sa sollicitude. A son Comité de haut patronage, il faut ajouter aujourd'hui le nom de M. Gaston Doumergue, Président de la République. Et elle compte un nouveau président d'honneur en la personne de M. André Mallarmé, député, président de

la commission des affaires d'Alsace et de Lorraine
à la Chambre des Députés, à qui ce titre est légitimement dû, car, originaire d'Alsace, il consacre
toutes les ressources d'un cœur actif et pénétrant
aux populations des deux départements du Rhin,
dont il connaît à fond la mentalité et les réelles
aspirations. Peu de temps après une récente interven-
tion à la tribune de M. Mallarmé, qui proclama l'action bienfaisante, patriotique et exclusivement spon-
tanée de l'Œuvre du prix de français en Alsace,
Mme F. Langweil, sa présidente, reçut de M. Christian Pfister, recteur de l'Académie de Strasbourg,
une très belle lettre dans laquelle l'éminent univer-
sitaire, fils de la vieille Alsace, lui annonçait qu'une
subvention annuelle de 5 000 francs était accordée
à cette Œuvre. C'est maintenant un précieux appui
matériel que cette officielle consécration lui apporte,
et dont elle donne ici l'expression de sa gratitude
émue.

Pendant les six années qui viennent de s'écouler,
l'Œuvre du prix de français avait reçu d'autres
appuis moraux dont elle est heureuse de signaler ici
et de reconnaître la précieuse valeur. Ils consistaient
dans l'accueil chaleureux que son Comité recevait
parmi les villes et les villages où il allait présider des
distributions de prix, véritables fêtes locales ; dans
les touchants égards que lui témoignaient les auto-
rités municipales et les châtelains des environs ;
dans la collaboration que lui apportait la presse
parisienne, dont de distingués représentants ve-
naient chaque année se joindre à lui ; enfin dans le
concours patriotique et si efficace qu'il trouvait dans

la presse régionale des deux départements du Rhin.

Nous avons évoqué, dans notre précédente brochure, les impressions inaltérables que rapportait à cet égard le Comité des solennités de 1923.

En 1924, ces solennités eurent lieu à Colmar, à Wintzenheim et à Riquewihr, la ville aux murailles d'ocre qui semble un coin d'Orient niché dans les Vosges. En 1925, ce fut à Andolsheim et à Beblenheim, village natal de M. Christian Pfister, et sur le désir flatteur qu'il avait exprimé. En 1926, ce fut à Kaysersberg, aux si pittoresques souvenirs militaires et religieux, et à Jebsheim. Le général de Berckheim et Mme de Berckheim avaient accueilli le Comité avec la plus touchante bonne grâce en 1924 et en 1925 ; et rien ne saurait, entre autres, effacer de son souvenir les moments enchanteurs qu'il passa, en 1926, dans leur admirable domaine de Schoppenwihr, de même que rien ne lui fut plus sensible que l'accueil si hautement cordial de Mme Benoit Geiger, dans sa propriété d'Ingersheim. En 1927, le Comité se transporta à Obernai, un des joyaux de l'Alsace, à Rouffach, à Burnhaupt-le-Haut, et passa, grâce au grand patriote M. Ostermeyer, dans son château d'Ysenbourg, quelques instants d'émotion inexprimable. En 1928, enfin, à Ribeauvillé, la ville aux trois ruines, où M. et Mme Camille Schlumberger furent ses hôtes si délicieusement attentifs dans leur propriété de la Calandre, véritable musée du goût ordonnancé par un véritable artiste ; à Metzeral, à Niedermorschwihr, où le docteur Pfleger, député, prononça une vibrante allocution qui fit tressaillir tous les cœurs, le Comité récolta, pour la sixième fois, la preuve que son effort était compris, aidé, et qu'il en trouvait sa récompense dans des résultats légitimement mérités.

Les échos de ces belles manifestations étaient recueillis par la presse parisienne avec une sympathie qui était pour le Comité le plus précieux encouragement.

En 1923, le regretté Robert de Flers, de l'Académie française, directeur du *Figaro*, écrivait dans son journal : « Vous le voyez, c'est une œuvre charmante. Il ne faut pour la réaliser que beaucoup d'argent. Sans doute, le vieux dicton n'a rien perdu de sa valeur :

> On changerait plutôt le cœur de place
> Que de changer la vieille Alsace,

mais encore faut-il que la fidélité des provinces retrouvées reçoive les hommages qui lui sont dus. Il n'en est pas de meilleur à lui rendre que d'embellir le souvenir de ceux qui seront les enfants de la victoire. »

Dans le même *Figaro*, en 1925, on lisait sous la signature de M. Arsène Alexandre, inspecteur général des Beaux-Arts : « C'est un spectacle ravissant que celui de tous ces petits visages si sérieux et si purs. Les garçons ont des regards qui annoncent déjà une attention et une opiniâtreté apportées dans tous les actes; les fillettes, avec, en plus, un grain de malice et quelque chose de fin et de dégagé dans la candeur, illuminent vraiment la modeste salle où, sur une belle nappe blanche jonchée de feuillages, s'étalent les beaux livres aux couvertures et aux tranches dorées. Que d'efforts et de bon vouloir cela va récompenser ! Comme l'atmosphère est gaie et bonne ! »

M. Louis Dumont-Wilden, ami fraternel de l'Alsace en sa qualité de grand patriote belge, écrivait dans *l'Eclair*, en cette même année 1925 : « Le petit garçon ou la petite fille qui a obtenu le prix de français devient l'aristocrate de l'école. La distribution des prix est, d'ailleurs, une fête pour toute la ville ou pour tout le village, une de ces fêtes charmantes comme on n'en voit qu'en Alsace, pleine de gaieté, de bonhomie et de gentillesse, une de ces fêtes comme on en voit dans les albums de Hansi... Les sœurs de Ribeauvillé, dont on connaît l'admirable œuvre patriotique du « temps allemand » tiennent à montrer à Mme Langweil, la bienfaitrice de l'école, que les enfants ne cessent de faire des progrès. Chaque classe tient à faire entendre son as ».

Dans *le Gaulois* (1926), sous la plume de M. Adrien Vély : « Pendant deux jours, j'ai entendu la voix véritable de l'Alsace. Oui, durant ces deux jours, partout ce fut un enchantement et un réconfort. Des chœurs patriotiques chantés avec goût et dits avec expression, de petites scènes enfantines interprétées avec une spirituelle vivacité, tout cela nous fit entendre la France parlant par la bouche de ses enfants retrouvés. »

Dans le *Journal des Débats* (1927), M. Hubert Morand rapportait : « Des élèves récitèrent successivement : *le Loup et l'Agneau, le Savetier et le Financier, le Chat et le Vieux rat, la Chèvre et le Chevreau.*

Avec l'accent alsacien? nous dira-t-on. Il est vrai, mais soyons justes : cet accent n'était pas plus marqué que n'est l'accent berrichon dans les écoles de Bourges ou l'accent provençal dans celles de Toulon. En revanche, les gestes des enfants qui récitent quelque chose sont presque toujours gauches ou empruntés. Aussi quelle leçon Mlle Dussane, sociétaire du Théâtre français, donna à tout ce petit monde en disant à son tour ces quatre fables qu'elle accompagna du commentaire le plus juste et le plus fin ! »

Le Figaro revenait en 1928 sur l'Œuvre du prix de français ; nous y relevons ces lignes de M. Simon Arbellot : « Coiffés de leurs calots aux cocardes tricolores, les petits garçons se sont répandus dans le village ; leur joie communicative aura, nous l'espérons, vaincu l'indifférence des *autres* ; les petites filles se sont empressées de lire les *Mémoires d'un Ane*, en attendant le premier numéro des *Enfants de France*, qui, demain, dans toutes les communes d'Alsace, fera la véritable liaison de sympathie entre tous ces enfants de France. Et puis, dans les familles, on parlera de ce prix de français qui est ainsi donné à tous les écoliers de bonne volonté. »

Notre grand magazine national *l'Illustration* avait consacré en 1925 un long article, parsemé de photographies, à l'Œuvre du prix de français, et l'auteur de cet article, M. Albéric Cahuet, y disait, entre autres : « L'éminent doyen M. Pfister (M. Charléty était encore recteur) nous apparaît tout heureux en ce jour de fête villageoise, tandis que nous le suivons dans la grande salle où se groupent fillettes et garçonnets. Les beaux livres sont là. Mais, avant la distribution, on exécute tout un programme de chants et de saynètes allégoriques. Les jeunes voix alsaciennes interprètent pieusement, à la manière d'un cantique, la *Marseillaise*. Deux très gracieuses jeunes filles. qui portent des noms aimés dans le monde de l'art et du journalisme, Mlle Béatrix Arsène Alexandre et Mlle Françoise Dumont-Wilden, distribuent des bonnets de police aux garçons, des broches aux fillettes, et l'on devine si ces largesses de la présidente de l'Œuvre sont joyeusement accueillies. »

On pense bien que, chaque année, la presse régionale des deux départements consacre de substantiels reportages aux distributions du prix de français. Pour ne pas surcharger de citations notre résumé, nous nous bornerons à reproduire ce joli tableau dû à M. Jules-Albert Jæger, directeur du *Journal de l'Est*, de Strasbourg : « Les enfants défilaient devant nous, tout fiers de leur succès, Mlle X..., huit ans, emportant *la Case de l'Oncle Tom*, Mlle Z...., dix ans. les *Contes choisis* d'Alphonse Daudet. Un garçonnet de onze ans était enchanté de son gros Larousse. Et ces demoiselles, brillamment reçues il y a quelques jours au certificat d'études, ne cachaient pas leur orgueil de se voir honorées, à douze ans, de volumes reliés en maroquin et à tranches dorées, s'il vous plaît. C'est Mlle Hœnel, treize ans, qui se vit attribuer le prix de français, récompense des récompenses qui va, chaque année, dans chaque commune, à... l'as des as. Nous vîmes le prix. Mais nous ne vîmes point celle qui le recevait. Elle cacha son émotion en disparaissant. A toutes les vertus de son esprit, elle ajoutait celle de la modestie. »

Voilà la besogne accomplie en six ans par l'Œuvre du prix de français en Alsace. Elle fut aussi opiniâtre que brillante. Mais elle fait prévoir des lendemains plus radieux encore. Ce qui distingue pardessus tout l'action entreprise, c'est qu'elle se tient délibérément en dehors, à l'écart de toute pensée politique. La politique ne doit plus exister pour tous les bons Français dès lors qu'il s'agit des deux départements du Rhin... C'est notre patrimoine commun que nous voulons leur rendre, au moyen du véhicule commun qu'est la langue nationale. Il faut avant toute chose que les Alsaciens, tous les Alsaciens parlent français. Est-ce à dire qu'ils ne se groupent point, qu'ils ne se grouperont point dans des partis comme il en existe dans les autres départements? C'est leur affaire, cela ne nous regarde pas. Qu'importent les partis qui divisent parfois les opinions, quand le patriotisme est le même et quand le trait d'union de tous les citoyens est la langue qu'ils ont bégayée dès leurs premières années, la langue de tous les enfants de la France, la langue nationale !

Nous empruntons, pour terminer, ces belles lignes à l'article de M. Albéric Cahuet dans *l'Illustration :* « Et maintenant, écoutez ce qu'il faut bien qu'on vous dise : l'Œuvre du prix de français en Alsace est une œuvre belle, nécessaire, indispensable. Mais il faut qu'on la fasse vivre. Il faut que l'on trouve, chaque année, la somme nécessaire pour acheter les prix de 2 000 écoles de villages. Envoyez des dons ou envoyez des livres. Ah ! j'en suis sûr, bien des familles françaises, en souvenir d'un enfant tombé à l'ennemi ou d'un héros sauvé de la mort, voudront adopter une école d'Alsace et la doter d'un prix portant le nom d'un disparu, d'un mutilé, d'un survivant glorieux. Contribution modeste qui sera consentie avec élan, avec fierté, avec l'idée émouvante que, grâce au beau livre envoyé là-bas, une fillette ou un petit garçon d'un village alsacien, Suzel ou Yerri, dira avec un français plus pur, l'an prochain, à la fête de l'école, son hymne d'amour à la France ! »

ADRIEN VÉLY.

Secrétaire de l'Œuvre
du prix de français en Alsace.

CHAMBRE DES DÉPUTÉS

SÉANCE DU 6 FÉVRIER 1929

(Extrait du *Journal Officiel*)

M. André Mallarmé. — Ne croyez-vous pas, monsieur le Président du Conseil, qu'il serait utile de primer les instituteurs et les institutrices qui obtiennent les meilleurs résultats en français ?

M. le Président du Conseil. — Nous le faisons.

. M. André Mallarmé. — Ne croyez-vous pas, en particulier, qu'il serait bon d'encourager et de subventionner certaines œuvres privées admirables, comme l'Œuvre du prix de français en Alsace, qui est dirigée par une Alsacienne de grand cœur ?

M. le Président du Conseil. — Croyez-vous que nous ne nous en occupions pas ?

M. André Mallarmé. — Je crois — car je connais le budget de cette association — que l'État peut encourager davantage cette œuvre qui est vraiment très belle.

Chaque année, elle distribue des plaquettes de bronze aux instituteurs et aux institutrices dont les élèves ont fait les plus grands progrès dans notre langue et elle distribue des prix à ceux-ci dans de véritables fêtes annuelles.

Le devoir du Gouvernement est d'aider une pareille initiative par une subvention annuelle.

M. LE PRÉSIDENT DU CONSEIL. — Cela n'est pas douteux. Nous le faisons et nous le ferons plus encore, maintenant que nous avons plus de crédits.

(M. le président du Conseil, que nous avons le devoir et le plaisir de remercier avec chaleur, croyait déjà faite une chose qui ne l'était pas encore. C'est cette année seulement que l'Œuvre du prix de français en Alsace a reçu sa première subvention.)

* * *

Mᵐᵉ F. Langweil a reçu les deux lettres suivantes :

ACADÉMIE DE STRASBOURG

Direction générale   RÉPUBLIQUE FRANÇAISE
de l'Instruction Publique

Strasbourg, le 19 février 1929.
6, rue de la Toussaint.

Madame,

J'ai eu grand plaisir à apprendre que votre Œuvre poursuivit en 1928 la tâche qu'elle s'est imposée depuis plusieurs années dans nos deux départements du Bas-Rhin et du Haut-Rhin. Les maîtres et les maîtresses qui reçoivent votre plaquette en sont extrêmement flattés ; les écoliers et les écolières à qui vous distribuez généreusement des livres de prix et des journaux enfantins sont enchantés ; et je ne doute pas que leurs familles ne partagent leur satisfaction et leur fierté.

J'ai pu constater par le détail combien de personnalités vous aviez su intéresser à votre Œuvre et quelle générosité est la leur et la vôtre. Je les remercie toutes et vous remercie plus particulièrement, Madame.

Je fais demander aujourd'hui même à chacun des Inspecteurs primaires de me fournir pour le 10 mars les noms de dix instituteurs et institutrices de leur circonscription ayant apporté la contribution la plus active à l'enseignement du français et ayant obtenu les meilleurs résultats. Je vous transmettrai la liste récapitulative dans le plus bref délai. Les journaux enfantins sont assurément un excellent moyen de diffusion de notre langue, et il y a un intérêt évident à ce que l'activité de votre Œuvre puisse continuer à s'exercer sous cette forme. C'est donc bien volontiers que je vous ferai donner, quand vous me la demanderez, la liste des élèves en faveur de qui des abonnements pourraient être consentis.

J'ai enfin le plaisir de vous faire savoir que, d'accord avec M. Hourticq, directeur de l'enseignement primaire, j'ai décidé d'accorder au « Prix de français en Alsace » une subvention de 5 000 francs sur les crédits dont je dispose pour l'enseignement du français. Cette somme pourra, sans doute, vous êtes mandatée fin d'avril prochain.

Veuillez agréer, chère madame, avec mes remerciements, l'assurance de mes sentiments de respectueuse amitié.

Ch. Pfister.

*
* *

BITSCHWILLER-THANN
Haut-Rhin

le 2 février 1929.

Chère Madame,

Je vois que je me suis mal expliqué, et je m'en excuse : je vous ai bien remis, le 26 février 1928, un chèque de 500 francs mais, dans mon esprit, ce n'était pas à titre de subvention annuelle et devait contribuer, dans ma trop faible mesure, à combler le déficit de 1927. Ma subvention annuelle pour l'année 1928 devait suivre ce versement, et par oubli j'ai omis de vous la faire parvenir. Mon chèque du 31 janvier a pour but de réparer cette erreur, et je vous prie instamment de vouloir bien l'accepter.

L'œuvre que vous accomplissez avec tant de dévouement et de générosité a déjà porté de beaux fruits; elle continuera à en donner, et ils sont particulièrement précieux en ce moment où l'enseignement du français est exposé à de si violentes attaques. C'est à tort, à mes yeux, que les leçons d'allemand ont été avancées d'un semestre à l'école primaire; je n'ai pas caché mon sentiment à M. Poincaré, qui ne le partage pas, naturellement. J'avais peur que cette concession ne soit suivie d'autres, mais le Président m'a affirmé énergiquement qu'il « n'irait pas plus loin ».

Veuillez, madame, agréer mes respectueux hommages.

JULES SCHEURER,

Ancien sénateur.

COMITÉ DU PRIX DE FRANÇAIS
EN ALSACE

SOUS LE HAUT PATRONAGE DE

MM. Gaston DOUMERGUE, Président de la République.

Alexandre MILLERAND, ancien Président de la République.

Raymond POINCARÉ, Président du Conseil.

PRÉSIDENTS D'HONNEUR

MM. Léon BÉRARD, ancien ministre de l'Instruction publique et des Beaux-Arts.

André MALLARMÉ, député, président de la Commission des affaires d'Alsace et de Lorraine à la Chambre des Députés.

MEMBRES DU COMITÉ DE PATRONAGE

MM. Arsène ALEXANDRE, inspecteur général des Beaux-Arts.

Paul APPELL, ancien recteur de l'Université de Paris.

MM. ARMBRUSTER, président de l'Amicale d'Alsace et de Lorraine.

Léon BAILBY, directeur de *l'Intransigeant*.

Georges BAL, du *New York Herald*.

Mme la Comtesse DE BÉHAGUE.

MM. le Général DE BERCKHEIM.

le Baron Théodore DE BERCKHEIM, ministre plénipotentiaire.

Albert BLUM, président de l'Association des Alsaciens-Lorrains d'Amérique.

Mme George BLUMENTHAL.

Mme Willy BLUMENTHAL.

MM. BRUNET, inspecteur d'Académie.

CHARLÉTY, recteur de l'Université de Paris.

Mme la Comtesse DE COSSE.

M. DANIS, directeur de l'Architecture et des Beaux-Arts d'Alsace.

Mlle DÉROULEDE.

Baron et Baronne Albert DE DIETRICH.

MM. le Docteur DOLLINGER, secrétaire général de la Société des Amis de l'Université, Strasbourg.

ECCARD, sénateur.

A. FAUCHIER-MAGNAN.

Mmes la Marquise DE LA FERRONNAYS.

la Marquise DE GANAY.

Benoit GEIGER, Mulhouse.

MM. Rodolphe GRAFF, ancien industriel, Colmar.

GRONKOWSKI, conservateur adjoint des Musées de la Ville de Paris.

GUTZWILLER, président de l'Amicale d'Alsace et de Lorraine, à Dijon.

André HALLAYS.

HAUG, conservateur des Musées de la Ville de Strasbourg.

Gaston HÉLIOT.

Mme Edgar HIRTZ.

MM. Jean HŒPPFNER, directeur des *Dernières Nouvelles de Strasbourg*.

HOURTICQ, directeur de l'Enseignement primaire, Strasbourg.

James H. HYDE.

Jules-Albert JAEGER, directeur du *Journal de l'Est*, Strasbourg.

Paul JOURDAIN, sénateur.

Raymond KOECHLIN, président du Conseil des Musées nationaux.

Mme Isaac KOECHLIN.

M. le Général et Mme KOECHLIN-SCHWARTZ.

Mme Georges KOHN.

M. Lucien KRAEMER.

Mme KULLMANN.

M. et Mme Émile LANTZ, Mulhouse.

Mme André LAZARD.

M. André LICHTENBERGER.

Mmes R. LÆDERICH.

la Marquise de LOYS-CHANDIEU.

Georges MALLET.

MM. MURRY GUGGENHEIM, New-York.

Étienne de NALÈCHE, directeur du *Journal des Débats*.

OESINGER, adjoint au maire de Strasbourg.

Mme la Comtesse François de PANGE.

MM. PARODI, inspecteur général de l'Enseignement secondaire.

PEIROTES, maire de Strasbourg.

André PORTIER.

le Général d'Armau de POUYDRAGUIN.

REBSTOCK, libraire, Strasbourg.

Raymond RECOULY.

Émile REY.

M.   RIFF, conservateur des Musées de la Ville de
    Strasbourg.
Mme la Comtesse DE ROUGEMONT.
MM. SENGEL-GULLY, maire de Colmar.
    JULES SCHEURER, ancien sénateur; indus-
    triel.
    CAMILLE SCHLUMBERGER, Ribeauvillé.
    GUSTAVE SCHLUMBERGER, membre de l'Ins-
    titut.
M. et Mme PAUL SCHLUMBERGER, Mulhouse.
MM. ANDRÉ TACHARD.
    SUSINI, préfet du Haut-Rhin.
    THIÉBAULT-SISSON.
    VALETTE, préfet du Rhône.
    ADRIEN VÉLY.
Mme ROBERT VERDÉ-DELISLE.
    Comte et Comtesse DE WALDNER DE
    FREUNSTEIN.
M.   J.-J. WALTZ (HANSI).
Mme la Baronne ROBERT DE WATTEVILLE.
MM. DAVID WEILL, membre du Conseil des Musées
    nationaux.
    le Docteur WEISGERBER.
    l'Abbé WETTERLÉ.
Mme ÉDITH WHARTON.
M.   le Colonel et Mme DE WITTE-GUIZOT.

COMITÉ D'ACTION

Mme F. LANGWEIL, présidente.

MEMBRES

MM. Arsène ALEXANDRE.
    Simon ARBELLOT.
Mmes la Comtesse DE BÉHAGUE.
    la Baronne DE BERCKHEIM.
MM. Alberic CAHUET.
    L. DUMONT-WILDEN.
    André HALLAYS.
    Edouard HELSEY
    Hubert MORAND.
    OSTERMEYER, conseiller général.
    Dr PFLEGER, député du Haut-Rhin.
    Paul VALOT, conseiller d'État, directeur des
        Affaires d'Alsace et de Lorraine à la Prési-
        dence du Conseil.
    Adrien VÉLY, secrétaire.
    J.-J. WALTZ (Hansi).
    David WEILL.

RECETTES

	Francs
Reliquat de 1927	643
Mme Ebstein, Strasbourg	300
La Caisse des Écoles du 7e arrondissement . .	500
L'Association des Alsaciens et Lorrains des Bouches-du-Rhône, Président M. le Professeur Gross.	500
Mme Robert Verdé-Delisle.	100
Mme Rouville	100
Mme R. Laederich	100
M. André Noufflard	100
Mme André Lazard	1 000
Mme la Baronne R. de Rothschild	200
Mme George Blumenthal.	1 500
Mme Willy Blumenthal.	200
M. Pape	100
Mme Larivière	300
M. A. Lecocq, Pavillon-sous-Bois.	100
M. L. Lecocq.	100
M. Lucien Kraemer	150
Mme la Vicomtesse de Sartiges.	100

A reporter : 6 093

	Francs.
Report :	6 093
M. Sam. Bloch	200
Mme Daubrée	50
Mme la Marquise de Loys-Chandieu	300
M. Raymond Dumoulin	500
Maison Peugeot	300
M. Albert Blum, président de l'Association des Alsaciens-Lorrains d'Amérique	5 000
M. Camille Schlumberger	1 000
Mme Edith Wharton	100
M. P. Girod	200
Banque de Neuflize et Cie	500
Baron Albert de Dietrich	3 000
M. Raymond Koechlin	100
M. Th. Bader	2 000
Société Alsacienne de Constructions Mécaniques	500
M. Jules Scheurer, industriel, ancien sénateur	500
M. David Weill	5 000
Mme F. Langweil	5 000
Mme Dessus	100
M. Bapst, ambassadeur de France	100
M. Loo	500
M. Edouard Roeder	200
M. Vignier	100
M. Léonard Rosenthal	500
Mme R. Aaron	100
M. de Retz, (les Mines Domaniales d'Alsace	1 000
Mme Isidore Weil	100
Mme Homer Gage	1 000
A reporter :	31 043

	Francs.
Report :	34 043
M. François Coty.	500
Mme Benoit Geiger.	100
M. Paul Schlumberger	300
Société des Auteurs et Compositeurs Dramatiques	500
Société des Auteurs, Compositeurs et Éditeurs de Musique.	500
M. Bazil Zaharof.	300
M. Alfred Bloch	100
M. Javal Houbigant.	100
Société des Gens de Lettres de France	200
Banque de France.	200
Banque nationale de Crédit.	100
Banque de Rothschild frères.	1 000
M. Paul David	300
M. Delesalle.	300
Mlle Zaborowska.	50
Mlle Dahmen.	50
Mme Schwartz.	200
Mme de Vezin.	40
Mme la Vicomtesse de Douville-Maillefeu.	50
M. et Mme Griolet	50
M. et Mme Lemarquis.	100
M. et Mme Félix Vernes..	100
M. et Mme Philippe Vernes.	100
Total :	39 283

***

M. Hansi a fait l'abandon de la totalité de ses droits d'auteur sur ses albums achetés par l'Œuvre du prix de français en Alsace ; d'après les relevés fournis par M. Floury, ces droits se montaient :

en	1923 à.	1 665	francs.
—	1924 à.	1 625	»
—	1925 à.	1 650	»
—	1926 à.	875	»
—	1927 à.	1 560	»
	1928 à.	1 395	»
	Total :	8 770	

***

Aux remerciements qu'elle adresse à tous ceux qui l'aidèrent si efficacement, l'Œuvre se doit à elle-même d'ajouter le témoignage de sa gratitude émue aux Alsaciens et aux Lorrains des États-Unis, et à leur éminent président M. Albert Blum, qui, de l'autre côté des mers, ont tenu à contribuer et ont contribué si puissamment à la patriotique mission qu'elle avait assumée.

DÉPENSES

	Francs.
M. Lasserre, sculpteur, pour 310 plaquettes offertes aux instituteurs et institutrices.	3 100 »
Gravure des noms	630 25
300 petites boîtes à 0 fr. 70.	210 »
M. Boivin, éditeur, 250 volumes. . . .	3 172 »
M. Floury, » 308	6 492 »
A reporter :	13 604 25

	Francs.
Report :	13 604 25
M. Plon, éditeur 100 volumes	2 800 »
Librairie Hachette 833 —	10 214 »
2e facture Floury pour 23 caisses et trans-	
ports, emballages, expéditions, etc.. . . .	3 005 »
2000 diplômes (Jacomet)	1 525 »
204 abonnements aux *Enfants de France*,	
Liselle, la Semaine de Suzette, Pierrot et	
les *Livres Roses*.	2 215 70
Total :	33 363 95

RÉSUMÉ DES OPÉRATIONS DE L'ŒUVRE

	Francs.
Recettes.	39 283 »
Dépenses.	33 363 95
Excédent disponible pour l'année 1929. . .	5 919 05

LIVRES QUI ONT ÉTÉ OFFERTS

	Volumes.
Librairie Hachette	200
Le Livre Français à Strasbourg.	50
Mme Jonquière.	12
	262

Paris. 1929.   Imprimeries Renouard, 19, r. des Sts-Pères.   59079

www.ingramcontent.com/pod-product-compliance
Lightning Source LLC
LaVergne TN
LVHW021652170726
843501LV00007B/2508